Wolfgang Benz

Völkermorde im 20. Jahrhundert

Wiener Vorlesungen im Rathaus

Band 137
Herausgegeben für die Kulturabteilung der Stadt Wien
von Hubert Christian Ehalt

Vortrag im Wiener Rathaus
am 30. Mai 2007

Wolfgang Benz

Völkermorde im 20. Jahrhundert

Mit einem Vorwort von
Hubert Christian Ehalt

Picus Verlag Wien

Grafische Gestaltung: Dorothea Löcker, Wien
Druck und Verarbeitung:
Druckerei Theiss GmbH, St. Stefan im Lavanttal
ISBN 978-3-85452-537-0

Informationen über das aktuelle Programm
des Picus Verlags und Veranstaltungen unter
www.picus.at

Die große Resonanz, die der Vortrag des berühmten deutschen Soziologen Prof. Dr. René König am 2. April 1987 im Wiener Rathaus bei einem sehr großen Publikum hatte, inspirierte die Idee einer Vorlesungsreihe im Rathaus zu den großen Problemen und Überlebensfragen der Menschen am Ausgang des 20. Jahrhunderts.

Das Konzept der Wiener Vorlesungen ist klar und prägnant: Prominente Denkerinnen und Denker stellen ihre Analysen und Einschätzungen zur Entstehung und zur Bewältigung der brisanten Probleme der Gegenwart zur Diskussion. Die Wiener Vorlesungen skizzieren nun seit Anfang 1987 vor einem immer noch wachsenden Publikum in dichter Folge ein facettenreiches Bild der gesellschaftlichen und geistigen Situation der Zeit. Das Faszinierende an diesem Projekt ist, dass es immer wieder gelingt, für Vorlesungen, die anspruchsvolle Analysen liefern, ein sehr großes Publikum zu gewinnen, das nicht nur zuhört, sondern auch mitdiskutiert. Das Wiener Rathaus, Ort der kommunalpolitischen Willensbildung und der Stadtverwaltung, verwandelt bei den Wiener Vorlesungen seine Identität von einem Haus der Politik und Verwaltung zu einer Stadtuniversität. Das Publikum kommt aus allen Segmenten der Stadt-

bevölkerung; fast durchwegs kommen sehr viele Zuhörer aus dem Bereich der Universitäten und Hochschulen; das Wichtige an diesem Projekt ist jedoch, dass auch sehr viele Wienerinnen und Wiener zu den Vorträgen kommen, die sonst an wissenschaftlichen Veranstaltungen nicht teilnehmen. Sie kommen, weil sie sich mit dem Rathaus als dem Ort ihrer Angelegenheiten identifizieren, und sie verstärken durch ihre Anwesenheit den demokratischen Charakter des Hauses.

Es ist immer wieder gelungen, Referentinnen und Referenten im Nobelpreisrang zu gewinnen, die ihre Wissenschaft und ihr Metier durch die Fähigkeit bereichert haben, Klischees zu zerschlagen und weit über die Grenzen ihres Faches hinauszusehen. Das Besondere an den Wiener Vorlesungen liegt vor allem aber auch in dem dichten Netz freundschaftlicher Bande, das die Stadt zu einem wachsenden Kreis von bedeutenden Persönlichkeiten aus Wissenschaft und Forschung in aller Welt knüpft. Die Vortragenden kamen und kommen aus allen Kontinenten, Ländern und Regionen der Welt, und die Stadt Wien schafft mit der Einladung prominenter Wissenschaftlerinnen und Wissenschaftler eine kontinuierliche Einbindung der Stadt Wien in die weltweite »scientific community«. Für die Planung und Koordination der Wiener Vorlesungen war es stets ein besonderes Anliegen, diese freundschaftlichen Kontakte zu knüpfen, zu entwickeln und zu pflegen.

Das Anliegen der Wiener Vorlesungen war und ist eine Schärfung des Blicks auf die Differenziertheit und Widersprüchlichkeit der Wirklichkeit. Sie vertreten die Auffassung, dass Kritik ein integraler Bestandteil der Aufgabe der Wissenschaft ist. Eine genaue Sicht auf Probleme im Medium fundierter und innovativer wissenschaftlicher Analysen dämpft die Emotionen, zeigt neue Wege auf und bildet somit eine wichtige Grundlage für eine humane Welt heute und morgen. Das Publikum macht das Wiener Rathaus durch seine Teilnahme an den Wiener Vorlesungen und den anschließenden Diskussionen zum Ort einer kompetenten Auseinandersetzung mit den brennenden Fragen der Gegenwart, und es trägt zur Verbreitung jenes Virus bei, das für ein gutes politisches Klima verantwortlich ist.

Fernand Braudel hat mit dem Blick auf die unterschiedlichen Zeitdimensionen von Geschichte drei durch Dauer und Dynamik voneinander verschiedene Ebenen beschrieben: »L'histoire naturelle«, das ist jener Bereich der Ereignisse, der den Rhythmen und Veränderungen der Natur folgt und sehr lange dauernde und in der Regel flache Entwicklungskurven aufweist. »L'histoire sociale«, das ist der Bereich der sozialen Strukturen und Entwicklungen, der Mentalitäten, Symbole und Gesten. Die Entwicklungen in diesem Bereich dauern im Vergleich zu einem Menschenleben viel länger; sie haben im Hinblick auf unseren Zeitbegriff eine »longue durée«. Und schließlich sieht er in der »histoire événementielle« den Bereich der sich rasch wandelnden Ereignisoberfläche des politischen Lebens.

Die Wiener Vorlesungen analysieren mit dem Wissen um diese unterschiedlichen zeitlichen Bedingungshorizonte der Gegenwart die wichtigen Probleme, die wir heute für morgen bewältigen müssen. Wir sind uns bewusst, dass die Wirklichkeit der Menschen aus materiellen und diskursiven Elementen besteht, die durch Wechselwirkungsverhältnisse miteinander verbunden sind. Die Wiener Vorlesungen thematisieren die gegenwärtigen Verhältnisse als Fakten und als Diskurse. Sie analysieren, bewerten und bilanzieren, befähigen zur Stellungnahme und geben Impulse für weiterführende Diskussionen.

Hubert Christian Ehalt

Vorwort

Die Sir-Peter-Ustinov-Professur zur Erforschung und Bekämpfung von Vorurteilen ist Ergebnis einer fruchtbaren Zusammenarbeit zwischen der Stadt Wien, die Mittel bereitstellt, dem Sir-Peter-Ustinov-Institut zur Erforschung und Bekämpfung von Vorurteilen, das diese Mittel verwaltet und im Dienste der Idee von Peter Ustinov mit diesen Talenten wuchert, mit der Universität Wien, die ihre Ressourcen und ihre intellektuelle Infrastruktur einbringt, und dem Institut für Konfliktforschung, das das Thema »Vorurteile« in den Raum einer interdisziplinären Erörterung stellt.

Wissenschaft bedeutet Innovation, neue zukunftsträchtige Anwendungen, Maschinen, die den Menschen Erleichterungen bringen, Förderung und Weiterentwicklung von neuen Technologien, die der prometheischen Veranlagung des Menschengeschlechts entspringen.

In den Natur- und Technischen Wissenschaften sind der direkte Nutzen und die direkte Verwertbarkeit leichter ablesbar als in den Kultur- und Geisteswissenschaften. Während die Natur- und die Technischen Wissenschaften das »Rad des Fortschritts« immer rascher vorantreiben, ist die Aufgabe der Kultur-, Geistes- und Sozialwissenschaften eine, die uns keinen weit gespannten und nachhaltigen Fortschritt verspricht: die beständige Bemühung um Demokratie, Menschenrechte, Fairness, Humanität, Reflexionsqualität, Kritik, Widerspruch, gegebenenfalls Widerstand – manchmal zwei Schritte vorwärts und einer zurück, manchmal am Stand, dann wieder zwei Schritte zurück und nur einer voran. Das ist unsere Erfahrung über die Bemühungen für Demokratie und Zivilgesellschaft. Seit diese Bemühungen mit wissenschaftlichen Mitteln betrieben werden, seit der Aufklärung, gibt es auch die Chance, dass sie wirksam werden.

Wissenschaft kann und soll auch die Analyse und Kritik der Herstellungsbedingungen und Ausdrucksformen von Wissen, Abschätzung der Folgen von Wissenschafts- und Alltagswissen und die differenzierte interdisziplinäre Untersuchung des kulturellen und gesellschaftlichen Systems und des sozialen Netzes, in dem wir leben, leisten. Wissenschaft muss also immer jene Analyse-, Dokumentations- und Kritikarbeit bewerkstelligen, die Gesellschaften brauchen, damit sie nicht barbarisieren. Das ist der Nutzen des vordergründig nutzlos Erscheinenden. Dieses kulturreflexive Wissen hat in Wien starke Traditionen. Die Durchführung von Forschungs- und Vermittlungsprojekten im Zusammenhang mit der Erforschung und Bekämpfung von Vorurteilen hat in Wien eine fruchtbare Vorgeschichte.

Vorurteil ist ein Begriff der Aufklärung, der mit einem wissenssoziologischen und gesellschaftskritischen Impetus auf die Differenz zwischen wissenschaftlicher Wahrheit und einer auf Klischees und Sprichworten beruhenden, nicht reflektierten »Alltagswahrheit« hinweisen wollte.

Es gibt sehr viele Beispiele dafür, wie in Kulturen ein ideologisches Wissen entwickelt wird – sehr oft als Herrschaftsinstrument einer Gruppierung –, das diskriminierend gegen eine Gruppe oder mehrere Gruppen gewendet wird und in extremen Fällen dazu geführt hat, dass diese Gruppen in Misskredit gebracht, bekämpft, vernichtet und ermordet wurden. So begegnete das verbrecherische Regime der Nazis den jüdischen Bürgerinnen und Bürgern nicht mit einem historischen Wissen über Kultur und kulturelle Entwicklung, sondern mit einer Rassenbiologie, die definieren, festschreiben, aussondern und selektieren wollte. Obwohl das rassistische Menschen- und Weltbild in Wien keine bedeutenden Traditionen hatte, konnte es auch hier wirksam werden.

Es gibt zu denken, wie rasch Feindbilder greifen können.

Politikwissenschaftliche, sozialwissenschaftliche und sozialpsychologische Forschungen haben sich insbesondere in den letzten Jahrzehnten und vor allem mit dem Blick auf die Verbrechen des Nationalsozialismus mit Völkermorden analytisch auseinandergesetzt. Unser Wissen über die Mechanismen von Ideologie-, Klischee- und Vorurteilsbildung und über die Bedeutung von Affekten und die Eskalation von Affekten in Handlungsketten ist im Zuge dieser immer dichter werdenden Forschungsarbeit sehr gewachsen. Das ist die gute Nachricht; wir wissen heute viel mehr über Kausalitäten, Sozialpsychologie und Wirkungsmechanismen im Zusammenhang mit Völkermord, etwa darüber, wie aus friedlich zusammenlebenden Nachbarn Feinde werden.

Philosophinnen und Philosophen, Historikerinnen und Historiker und Vertreterinnen und Vertreter anderer Geistes-, Kultur- und Sozialwissenschaften, die sich mit gesatzten und ungesatzten Regelsystemen des Verhaltens in sozialen Situationen beschäftigen, entwerfen »Parameter«, mit deren Hilfe es möglich ist, das Handeln der Menschen zu bewerten. Die Frage, wie viel Verantwortung man Menschen für ihre Taten zuerkennt, hängt wesentlich auch davon ab, wie groß man den Einfluss des genetischen Potenzials und der »sozialen Verhältnisse« bemisst. Trotz der extremen Positionen von Biologismen, wie sie aus den aktuellen Neurowissenschaften kommen, und Soziologismen, die den Menschen – als Produkte ihrer gesellschaftlichen Situationen – kaum Handlungsspielraum zuweisen, zeigen große Teile des historisch-empirischen Materials, mit dem Kulturwissenschaftlerinnen und Kulturwissenschaftler arbeiten, dass die Menschen Wesen sind, die Verantwortung für ihr Handeln übernehmen können, wollen und daher auch sollen. Menschen können ihr eigenes Leben verantwortlich gestalten, wiewohl immer das Diktum William Shakespeares gilt, dass man schlechte Eigenschaften nicht einfach ablegen, aus dem Fenster hinauswerfen kann, die müsste man – so William Shakespeare – »die Treppen hinunterboxen«. Und dabei geht man wohl selbst bisweilen k.o., sodass man wieder oben mit dem Hinunterboxen anfangen muss.

Man könnte gegen diese Überlegung einwenden, dass zwischen verbrecherischen Handlungen, wie sie von den Nazis gesetzt wurden, und »schlechten Eigenschaften« eine Kluft besteht wie zwischen zwei viele Lichtjahre voneinander entfernten Universen. Hannah Arendt hat dieser

Auffassung mit ihrem Buch »Die Banalität des Bösen« widersprochen, und auch alle aktuellen wissenschaftlichen Ergebnisse aus Sozialpsychologie, Anthropologie und Nachbarwissenschaften stärken wohl eher die Auffassung, dass zwischen »gut« und »böse« im Handeln der Menschen ein überschaubares Spektrum mit sichtbaren Übergangszonen liegt.

Trotzdem: Gerade auf diese Unterschiede kommt es an. Und für verantwortungsvolles und verantwortungsloses Handeln gibt es eine individuelle und eine kollektive Verantwortung. Lebensgeschichten wurden und werden gestaltet durch die Menschen selbst und das Umfeld, in dem sie stehen – sei es »zum Guten«, sei es »zum Schlechten«. Das zeigen nicht nur die Entwicklungsromane der Literaturgeschichte, die könnten ja gut erfunden sein; das zeigen unsere täglichen Erfahrungen. Menschen machen Fehler, denken bisweilen darüber nach und versuchen manchmal – mit mehr Verantwortungsgefühl –, es besser zu machen. Andere richten sich behaglich in der Unkultur ein. Der Wunsch, verantwortungsvoll, vorurteilsfrei und fair zu handeln, bleibt oft Stückwerk, Patchwork, aber wir sind eben Menschen, die nicht über die Fähigkeit zum Ganzen, Homogenen und Widerspruchsfreien verfügen. Zum

Opportunisten, Konformisten und Mitläufer wurde und wird man nicht geboren, es ist kein Schicksal, und es gibt eine vielfach geteilte gesellschaftliche Verantwortung dafür, dass die Zahl der Opportunisten, Konformisten und Mitläufer sich in Grenzen hält. Ich sehe darin das entscheidende Demokratieproblem: Politik, Wirtschaft und Gesellschaft müssen – wie unangenehm das den Macht- und Funktionsträgern auch immer ist – Kritik, Gegenrede, Widerspruch nicht nur zulassen, sondern an möglichst vielen Punkten des gesellschaftlichen Systems verankern, Möglichkeiten und Foren zur Entfaltung von Kritik schaffen. Nur Gesellschaften, die ihren Machtinstanzen mit Kritik und Widerspruch begegnen – da reicht nicht die Möglichkeit, sondern es zählt nur die realisierte Kritik- und Widerspruchsquote –, haben die Chance, Demokratie, Menschenrechte und soziale Gerechtigkeit zu bewahren.

Der holländische Kulturhistoriker Jan Huizinga hat die Aufgabe und Funktion von Geschichtswissenschaft und Geschichtsvermittlung so formuliert: Geschichte ist die geistige Form, in der sich eine Kultur über ihre Vergangenheit Rechenschaft gibt. Diese Rechenschaft über den Weg, den eine Gesellschaft und Kultur von der Vergangenheit in die Gegenwart und von heute in die Zukunft nimmt, ist eine Grundbedingung des demokratischen Lebens. Im Sinne dieser Aufgabenstellung haben Geistes-, Kultur- und Sozialwissenschaften auch die Bedeutung einer demokratischen Schlüsselqualifikation der Befundung, Archivierung, Analyse, Kritik und Bewertung.

Wolfgang Benz hat bereits 1995 bei den Wiener Vorlesungen vorgetragen. Diese Vorlesung ist unter dem Titel »Gewalt und Ideologie. Renaissance und Militarisierung rechtsradikalen Denkens« als Band 38 der Reihe publiziert worden. Ich freue mich darüber, dass die konzisen Überlegungen von Wolfgang Benz, dem Ustinov-Fellow 2007, mit dieser Publikation einer größeren Öffentlichkeit vorgestellt werden und wieder in dieser Reihe erscheinen.

Hubert Christian Ehalt

Wolfgang Benz

Völkermorde im 20. Jahrhundert

»Wenn ich nach einer Antwort suche, warum es dieses Blutbad gab, wenn ich nach einer Erklärung suche, warum wir niedergemetzelt werden mussten, dann zermartere ich mir den Kopf. Ich fange an, allem zu misstrauen, was um mich herum ist: Die Motive unserer Hutu-Miteinwohner werde ich nie begreifen. Nicht einmal derer, die selbst nicht zuschlugen, aber es geschehen ließen.«[1] Mit diesen Worten beschreibt ein Vierzehnjähriger seine Erfahrung als Opfer des Völkermords, den die Bevölkerungsgruppe der Hutu 1994 in Ruanda gegen ihre Nachbarn, die Tutsi, inszenierte. Unter den Augen der Welt wurden, von der Regierung organisiert, Hunderttausende bestialisch abgeschlachtet. Die UNO hat die Ereignisse im Oktober 1994 als Völkermord anerkannt. Sie hätte ihn wohl auch verhindern können, denn die Katastrophe hatte sich angekündigt, Blauhelme waren im Land, die sich im Bewusstsein zurückzogen, dass ihrem Rückzug das Morden unmittelbar folgen würde. Der Genozid in Ruanda ist, fünfzig Jahre nach dem

Holocaust, als Verbrechen gegen die Idee des Humanismus, die größte Schmach, die auf der in der UNO repräsentierten Völkergemeinschaft lastet.[2]

Es geht im Folgenden um die Völkermorde im 20. Jahrhundert. Sie werden von manchen in patriotischem Eifer geleugnet, von anderen aus politischer Räson marginalisiert, von der Mehrheit nur ungern zur Kenntnis genommen, weil das Wissen darum Unbehagen erzeugt. Das Thema ist allenfalls zu einem Teil im Arbeitsbereich der Geschichtswissenschaft verortet. Es ist äußerst aktuell, denn Völkermorde entstehen aus ideologischen Motiven, die sich aus alltäglichen Verhaltensmustern speisen, nämlich aus Vorurteilen, aus Feindbildern, die zum Hass gesteigert sind. Jeder Völkermord hat eine Vorgeschichte, jeder Völkermord ist organisiert, jeder Genozid ist öffentlich.

Vernichtung und Völkermord als literarische Metapher, als Kategorie politischer Planung, als Durchsetzung ideologisch begründeten politischen Anspruchs wurde im 20. Jahrhundert zu einer zentralen Denkfigur, realisiert in Kolonialkriegen zu Beginn des Jahrhunderts, in Ausrottungsfeldzügen gegen kulturelle, religiöse und ethnische Minderheiten, schließlich als »ethnische Säuberung« am Ende des Jahrhunderts auf dem Balkan, oder als Abschlachten einer Bevölkerungsgruppe durch eine andere in Ruanda praktiziert. Zu den Leitmotiven des 20. Jahrhunderts gehören die Verfolgung und Vernichtung von Minderheiten im Zeichen ideologischer Prämissen. Organisierte Vertreibungen, als *Social Engineering* propagiert und ohne genozidale Intention durchgeführt, sind ein verwandtes Phänomen eigener Prägung wie der Bevölkerungstransfer von Griechen und Türken 1923, die Vertreibung der Deutschen aus Ostmitteleuropa ab 1945, die Zwangsmigration von Palästinensern 1948, davor von Hindus und Moslems auf dem indischen Subkontinent. In sozialdarwinistischen, rassistischen Formulierungen zur »Lösung der Judenfrage« ins 19. Jahrhundert zurückreichend, im Ersten Weltkrieg an allen Fronten von der Marne bis Gallipoli exzessiv gelebt und im Nationalsozialismus zu Staatsdoktrin und Massenrausch gesteigert, kulminierte die Vorstellung ebenso wie die Praxis von Vernichtung im Rassenkrieg gegen Juden, »Zigeuner«, Slawen, gegen soziale und ethnische Gruppen und ganze Völker, die als »lebensunwert« definiert wurden.

Das Entsetzen über die Verbrechen in deutschem Namen, die nach dem Zusammenbruch des Hitlerstaats ab 1945 öffentlich wurden, war allgemein. Die Welt erfuhr von beispiellosen Verbrechen und saß über die Täter zu Gericht. Der Zivilisationsbruch, den die damals (groß-)deutsche Nation begangen hatte, schien einzigartig und erstmalig, und er sollte – dafür wollten die Sieger Vorkehrungen treffen – letztmalig sein. Eine internationale Strafgerichtsbarkeit,[3] die freilich bis heute nicht über die ersten Schritte hinausgekommen ist, sollte nach dem Vorbild der Nürnberger Prozesse nach dem Zweiten Weltkrieg verhindern, dass Genozid abermals möglich würde. Aufklärung im juristischen wie im philosophischen und moralischen Sinn mitsamt den daraus resultierenden Konsequenzen ist freilich ebenso schwer zu erreichen wie irdische Gerechtigkeit.

Zu den Kategorien der Betrachtung von Völkermord gehören die Definition des Geschehens, die Beschreibung der genozidalen Ereignisse, die Wahrnehmung (oder die Verweigerung der Wahrnehmung) des Geschehens. Reden und Schreiben als Vorform der Erinnerung über Katastrophen der Bevölkerungspolitik, über Ausbrüche von Hass und Gewalt, aber auch das Ignorieren von Völkermorden und verwandten Erscheinungen geben Aufschluss über den Zustand und die Entwicklungsmöglichkeiten von Kultur und Zivilisation, nicht nur der Gesellschaften, in denen die Katastrophe sich jeweils ereignet. Die Erinnerung an genozidales Geschehen oder seine Leugnung sind wichtige Indizien für das Demokratiepotenzial in Täter- wie Opfergesellschaften.

Zentrale Bedeutung beim Versuch, Vertreibung, Deportation und Vernichtung als Formen des Völkermords zu erklären und wenigstens im Ansatz zu verstehen, hat die Erkenntnis der Wechselwirkung von Ideologie und politischem Programm einerseits und elementarer Gewaltentfaltung andererseits: Nationalistischer Furor, Ethnizität (vulgo Rassismus) als Leitprinzip, Überfremdungsängste, Traditionen der Abneigung, ökonomische und soziale Interessen bilden das Gemenge, aus dem, unterfüttert mit Welterklärungs- und Erlösungsanspruch, das jeweilige Unheil entsteht. Wie ein Völkermord zu definieren ist, darüber besteht bei Opfern wie Tätern ein quasi natürlicher Dissens, aber auch Unbeteiligte haben Gründe, die Realität in ihrem Sinne zu deuten, das heißt je nachdem zu verharmlosen oder zu dramatisieren.

Definitionsprobleme müssten allerdings nicht mehr sein, seit Raphael Lemkin[4], der amerikanische Jurist polnisch-jüdischer Abstammung, beim

Studium des Armeniermords und des Judenmords 1944 den Begriff Genozid prägte und seit die UNO, die Erkenntnisse der Nürnberger Prozesse aufnehmend, in der Völkermordkonvention von 1948 den Rahmen der Beurteilung des Verbrechens gesetzt hat. Völkermord ist seither definiert als die Intention, »eine nationale, ethnische, rassische oder religiöse Gruppe als solche ganz oder teilweise zu zerstören«.[5] Die Wahrnehmungsprobleme der Mehrheit hindern jedoch die Erkenntnis ebenso wie die Neigung von Tätern und ihrer Nachkommen, mit den Mitteln des Leugnens, der Schuldumkehr und der Minimalisierung historisches Geschehen zu negieren. Beschämend sind die Reaktionen der Weltöffentlichkeit – der offiziellen Repräsentanten, der Medien, der einzelnen Staaten – auf Völkermorde, wie sie Ende des 20. Jahrhunderts in Ruanda stattfanden und zu Beginn des 21. Säkulums, in unseren Tagen also, in Darfur stattfinden. Die räumliche Distanz zu den Ereignissen legt eine schützende Zone der Nichtwahrnehmung vor den Ort des Verbrechens, dem kein Einfluss auf die eigene Lebenswelt zugebilligt wird und der damit scheinbar gar nicht existiert.

Der Balkan liegt freilich zu nahe vor der Haustür, als dass das Geschehen in den neunziger

Jahren hätte ignoriert werden können. Die Reaktionen auf den Genozid im ehemaligen Jugoslawien waren allerdings nur in begrenztem Maß ermutigend im Hinblick auf die gern erhobene Forderung nach Prävention und definitiver künftiger Verhinderung solcher Exzesse. Und der Völkermord in Südosteuropa am Ende des 20. Jahrhunderts hat den Beweis erbracht, dass die Konvention von 1948 als politisches Instrument nicht ausreicht.

Das Feld, das mit Metaphern wie Deportation, Vertreibung, »ethnische Säuberung«, Völkermord umschrieben ist, wird oft mit größerem Aufwand an Emotion als an kühlem Verstand bestellt: Dass der Erkenntnis des jeweiligen Sachverhalts wie seiner Emotion Leidenschaften nicht dienlich sind, zeigen die Wallungen nationalen Gefühls bei Türken, wenn vom Völkermord an den Armeniern die Rede ist.[6] Das Missverständnis, dass die genaue Betrachtung und Beschreibung des historischen Sachverhalts mit zu geringer Empathie für die Opfer oder zu wenig Nationalgefühl einhergehen müsse, ist anscheinend unauflösbar. Aber nur, wenn man weiß, wie es gewesen ist, wenn der historische Zusammenhang rekonstruiert und dargestellt ist, wird die Überwindung des Traumas der Ausgrenzung, Verfolgung und Vernichtung möglich, für die Nachkommen der Täter wie die der Opfer.

Die Problematik soll im Folgenden exemplifiziert werden. Sieben Aspekte, die dazu zu betrachten sind, charakterisieren das Wesen des Völkermords:

- Intention,
- Wahrnehmung und Erinnerung,
- Ideologie,
- Traditionen der Diskriminierung durch Feindbilder und Vorurteile,
- Distanz,
- Definition der »Feinde« und der Anspruch auf
- Deutungshoheit über das Geschehen,
- Regelhaftigkeit.

I. Völkermord als Kolonialkrieg: die Intention der Vernichtung

Das theoretische Konzept kolonialer Herrschaft beruhte auf der Überzeugung der rassischen Minderwertigkeit der autochthonen Völker, der Gewissheit einer zivilisatorischen Mission der Weißen, dem politischen Postulat des Rechts des Stärkeren und dem aggressiven Drang zur ökonomischen Erschließung der Welt durch Gewinnung von Rohstoffen und die Schaffung von Absatzmärkten. Dominanz und Ausbeutung waren Leitmotive kolonialer Politik, die auf vorgefundene Strukturen keine Rücksicht nahmen und, wie im Exempel deutlich wird, unmittelbar im Hererokrieg am Anfang und mittelbar im Falle Ruandas am Ende des Jahrhunderts genozidalen Ausdruck fanden.

In älteren Nachschlagewerken liest man unter dem Stichwort Herero, dass es sich um ein südwestafrikanisches Bantu-Volk handle. Bis 1904 seien die Herero ein mächtiges, freiheitsliebendes kriegerisches Volk gewesen, »seit dem Herero-Aufstand sind sie stark degeneriert und an Zahl sehr zurückgegangen (vor 1904 rund 100.000 Köpfe)«. Durch die Aufstände 1896 und 1904 seien die Herero bekannt geworden: Nach der Schlacht am Waterberge am 11. August 1904 seien sie völlig unterworfen und in der Hauptmasse in die Sandwüste Omaheke abgedrängt worden und dort verdurstet. Der Rest lebe auf Reservationen. In solch dürrer Umschreibung fand der erste Völkermord des 20. Jahrhunderts 25 Jahre später (1929) im »Großen Brockhaus« seinen lexikalischen Niederschlag. Aus den Zahlenangaben lässt sich errechnen, dass man von mindestens 80.000 Opfern, die freilich niemand so nannte, ausging. Auch 1999 schreibt der Brockhaus nur lakonisch, dass ein Aufstand 1904 gescheitert sei, dass die Herero von Truppen des Generalleutnants Lothar von Trotha in die wasserlose Omaheke-Steppe getrieben wurden, wo der größte Teil umkam.

Die öffentliche Wahrnehmung hat sich ein Jahrhundert lang mit solcher Information begnügt, auch die Geschichtsforschung nahm sich der Ereignisse in der Kolonie Deutsch-Südwestafrika erst spät an.[7] Der Herero-Aufstand blieb freilich als Gegenstand der Trivialliteratur populär und als Heldenepos der deutschen »Schutztruppe« im rechten politischen Spektrum lebendig. Der Herero-Krieg wird von manchen bis heute als Strafexpedition wahrgenommen, als bewaffnetes Gericht über minderwertige ethnische Gruppen, die zum Gehorsam und zur Unterwerfung vor den Vertretern der höheren Rasse, der Zivilisation, des Christentums und der abendländischen Kultur, von Natur aus verpflichtet waren. Die genozidale Idee, die Ausrottung der Minderwertigen als Volk, wurde offen propagiert.

In Deutsch-Südwestafrika übte von 1894 an Theodor Leutwein, ein Berufsoffizier, der es 1893 zum Major gebracht hatte, das Amt des kaiserlichen Gouverneurs aus. Ihm folgte Lothar von

Trotha, der vorher Vizegouverneur von Deutsch-Ostafrika gewesen war, an der Strafexpedition gegen China nach dem »Boxeraufstand« 1900 teilgenommen hatte und im Mai 1904 als Kommandeur der Schutztruppe nach Südwestafrika geschickt wurde, um den Aufstand niederzuwerfen. Er war als Kriegsherr erst gegen die Herero und dann gegen die Nama der Verantwortliche für den Völkermord an der autochthonen Bevölkerung. Im November 1905 wurde er abberufen. Sein Name ist mit der Schlacht am Waterberg und ihren Folgen sowie mit dem »Aufruf an das Volk der Herero« vom 2. Oktober 1904 verbunden, einer Proklamation, die in der heutigen Geschichtsschreibung als Vernichtungsbefehl interpretiert wird. Dort heißt es: »Innerhalb der deutschen Grenze wird jeder Herero mit oder ohne Gewehr, mit oder ohne Vieh erschossen, ich nehme keine Weiber und Kinder mehr auf, treibe sie zu ihrem Volke zurück, oder lasse auf sie schießen.«

Diesen Schießbefehl verlas der deutsche Oberbefehlshaber 1904 persönlich und fügte hinzu, »daß Schießen auf Weiber und Kinder so zu verstehen ist, daß über sie hinweggeschossen wird, um sie zum Laufen zu zwingen. Ich nehme mit Bestimmtheit an, daß dieser Erlaß dazu führen wird, keine männlichen Gefangenen mehr zu machen, aber nicht zu Grausamkeit gegen Weiber und Kinder ausartet. Diese werden schon fortlaufen, wenn zweimal über sie hinweggeschossen wird.« Der Befehl wurde nach einigen Wochen auf Order aus Berlin wieder aufgehoben.[8] Dass Ausrottung das Ziel der deutschen Strategie war, geht aber auch aus der amtlichen Darstellung des Krieges hervor, in der es heißt: »Die wasserlose Omaheke sollte vollenden, was die deutschen Waffen begonnen hatten: die Vernichtung des Hererovolkes«.[9] Deutsche Truppen verfolgten die Herero, trieben sie immer tiefer in die Wüste und riegelten bis Mitte des Jahres 1905 die Fluchtwege ab.

Die genozidalen Intentionen des Generals von Trotha stießen bei seinen Vorgesetzten in Berlin keineswegs auf Kritik. Anfang Oktober 1904 hatte Trotha dem Chef des Generalstabs geschrieben, seine genaue Kenntnis vieler afrikanischer Stämme habe ihm vor Augen geführt, »daß sich der Neger keinem Vertrag, sondern nur der rohen Gewalt beugt«. Deshalb halte er es für richtiger, »daß die Nation in sich untergeht, und nicht noch unsere Soldaten infiziert und an Wasser und Nahrungsmitteln beeinträchtigt. Außerdem würde irgendeine Milde von meiner Seite von Seiten der Herero nur als Schwäche aufgefaßt werden. Sie müssen jetzt im Sandfeld untergehen … Dieser

Aufstand ist und bleibt der Anfang eines Rassenkampfes.«[10]

Die Bedeutung des Kolonialkriegs in Deutsch-Südwestafrika liegt jenseits seiner Ereignisgeschichte in der Entgrenzung des Denkens, das in der öffentlichen Meinung, in Publizistik und Literatur Niederschlag fand: Über den militärischen Sieg und die Unterwerfung des Gegners hinaus wurde die Ausrottung von Minderheiten (definiert durch »Rasse« und Distanz) propagiert als vermeintliche Notwendigkeit zum eigenen Wohl. Die über Vorurteile und Feindbilder agierten Denkfiguren vom »Rassenkrieg« und Völkermord entwickelten sich zum Genre in Literatur und Publizistik, das Wege bereitete und wirkungsmächtig genozidales Denken einübte. Dafür finden sich Beispiele in der Trivial- und Jugendliteratur des 20. Jahrhunderts in reicher Zahl.[11]

II. Der Völkermord an den Armeniern: Wahrnehmung und Erinnerung

Wurde der Mord an den Hereros als koloniale Angelegenheit des Deutschen Reiches betrachtet, als inneres Problem ohne internationales oder allgemein humanitäres Interesse, so stehen dazu der Gedächtnisverlust und die Realitätsverweigerung gegenüber dem Völkermord an den Armeniern während osmanischer Herrschaft in scharfem Kontrast. Auch dieser Völkermord wurde unter den Augen der Weltöffentlichkeit begangen. Seine Dimension wurde absichtsvoll nicht zur Kenntnis genommen; von der Mehrheit in allen zivilisierten Völkern war er lange Zeit aus dem Gedächtnis gedrängt oder gar nicht eingelassen worden. Und von den Urhebern und ihren Nachfolgern wird dieser Genozid noch im neunten Jahrzehnt nach der Tat mit beträchtlichem Aufwand verleugnet.

Als Metapher der Vernichtung – beschworen nur von einigen Literaten, Pazifisten, Engagierten – sank der Völkermord an den Armeniern allzu rasch bei den Nichtbeteiligten ins Unterbewusste. Die Existenz der Überlebenden und ihrer Nachkommen steht seither unter einem doppelten Trauma, der unverjährbaren Bürde des Erlittenen und der zusätzlichen Last durch die Leugnung, durch das Nichternstnehmen und Nichtwahrhabenwollen des Verbrechens. Die Behauptung, dieser Genozid sei nicht geschehen oder so nicht geschehen, wie er von den Opfern erfahren wurde, bedeutet eine traumatisierende Kränkung der Erinnerungsgemeinschaft, der damit ihre Wahrnehmung und die Wahrhaftigkeit des kollektiven Gedächtnisses abgesprochen wird, der damit auch jede Aussicht auf Erlösung vom Schmerz genommen ist.

Seit der Untat von 1915 hat sich immer wieder aufs Neue gezeigt, dass Völkermorde kaltblütig in Szene gesetzt werden, dass sie Ergebnis systematischer Planung sind. Auch die Handlungsmuster sind geläufig: Schuldzuweisung an eine ethnische, religiöse, kulturelle oder soziale Minderheit, dann deren Ausgrenzung und Verfolgung unter dem Vorwand, die Mehrheit sei provoziert worden. Es folgt die »politische Lösung«, die als Umsiedlung, als friedenstiftende Maßnahme verkündet, aber in den Formen von Vertreibung, Raub und Mord praktiziert wird. Die Abläufe und Zusammenhänge darzustellen ist also die Obliegenheit der Historiker. Aber das akademische Interesse kann nicht Selbstzweck sein. Das Ergebnis historischer Forschung geht alle an, nicht zuletzt die Politiker, die Verantwortung für den äußeren und inneren Frieden der Nationen tragen. Öffentliche Erinnerung ist Teil der politischen Kultur zivilisierter Gesellschaften. Dazu gehört aber auch das Erinnern an unselige Ereignisse, dazu gehört das Eingeständnis historischer Schuld.

Die Nachfolger des längst vergangenen Osmanischen Reiches verweigern dieses Eingeständnis bis zum heutigen Tag. In erstaunlicher Wallung nationaler Leidenschaft reagiert die türkische Regierung, aber auch die mediale Öffentlichkeit, wenn auf den Völkermord an den Armeniern verwiesen, wenn er beim Namen genannt und nicht verniedlicht wird. Das türkische Aufbäumen gegen die historische Realität erinnert an die Emotionen in Deutschland, mit denen nach dem verlorenen Ersten Weltkrieg Einsicht verweigert und nationalistischer Wahn glorifiziert wurde. Das waren Demonstrationen des Patriotismus, zugleich aber auch Hinweise auf mangelndes Selbstbewusstsein.[12]

Der Genozid an den Armeniern lehrt uns auch dieses: Zur Phänomenologie des Völkermords gehört seine Öffentlichkeit und die gleichzeitige Teilnahmslosigkeit der Nicht-Betroffenen. Der Genozid an den Armeniern geschah, wie nur zweieinhalb Jahrzehnte danach der Holocaust, unter den Augen der Welt. Im Vergleich mit dem Völkermord, den das nationalsozialistische Deutschland gegen die Juden plante und durchführte, machte sich die Regierung des Osmanischen Reiches im Herbst 1915 jedoch wenig Mühe, ihre Absichten zu verschleiern. Dokumente, die das beweisen, gibt es genug. In Erlassen an nachgeordnete Behörden führte zum Beispiel der Innenminister eine offene Sprache. Am 15. September 1915 verfügte er: »Es ist bereits mitgeteilt worden, daß die Regierung beschlossen hat, alle Armenier, die in der Türkei wohnen, gänzlich auszurotten. Diejenigen, die sich diesem Befehl und diesem Beschluß widersetzen, verlieren ihre Staatsangehörigkeit. Ohne Rücksicht auf Frauen, Kinder und Kranke, so tragisch die Mittel der Ausrottung auch sein mögen, ist, ohne auf die Gefühle des Gewissens zu hören, ihrem Dasein ein Ende zu machen.«[13]

Am 23. November 1915 ergeht die ultimative Weisung an die Präfektur von Aleppo: »Rotten Sie mit geheimen Mitteln jeden Armenier der östlichen Provinzen aus, den Sie in Ihrem Gebiete finden sollten«, und am 1. Dezember erreicht den Präfekten in Aleppo wieder eine chiffrierte Depesche des Innenministers, in der mangelnder Verfolgungseifer bei der »Ausrottung der fraglichen Personen« gerügt und noch einmal klargestellt wurde, worum es ging: »Der Ort der Verbannung derartiger Unruhestifter ist das Nichts.«[14]

Während des Ersten Weltkriegs, unter Zensur, wurde in Deutschland das Wissen amtlicher Stellen geheim gehalten und aus Staatsräson der Öffentlichkeit gegenüber unterdrückt. Die Pressekonferenz der kaiserlichen Regierung am 7. Oktober 1915 hängte den Journalisten einen Maulkorb um und sorgte für die Sprachregelung: »Über die Armeniergreuel ist folgendes zu sagen: Unsere freundschaftlichen Beziehungen zur Türkei dürfen durch diese innertürkische Verwaltungsangelegenheit nicht nur nicht gefährdet, sondern im gegenwärtigen, schwierigen Augenblick nicht einmal geprüft werden. Deshalb ist es einstweilen Pflicht zu schweigen. Später, wenn direkte Angriffe des Auslandes wegen deutscher Mitschuld erfolgen sollten, muß man die Sache mit größter Vorsicht und Zurückhaltung behandeln und später vorgeben, daß die Türken schwer von den Armeniern gereizt wurden.«[15] Zweieinhalb Monate später, am 23. Dezember 1915, wurden die Journalisten angewiesen: »Über die armenische Frage wird am besten geschwiegen. Besonders löblich ist das Verhalten der türkischen Machthaber in dieser Frage nicht!«[16]

III. Der Judenmord als Konsequenz einer Ideologie

Die Ereignisse von 1915 sind für uns aus vielen Gründen von Interesse. Die groteske und barbarische Beschreibung der Mordmotive, die unmittelbar aus dem Mordgeschehen heraus ihre scheinbare Logik entwickelte, finden wir nämlich beim Reichsführer SS Heinrich Himmler drei Jahrzehnte später wieder, als er in seiner Posener Geheimrede am 6. Oktober 1943 vor hohen Offizieren der SS Klartext über den Judenmord redete. Niemals ist während des Dritten Reiches mit solcher Deutlichkeit über das Staatsverbrechen des Völkermords gesprochen worden; kein einziges Mal wurde vor einem ähnlichen Kreis von Zuhörern auf die gängigen Sprachregelungen so vollkommen verzichtet. Im Drang zur Stilisierung seiner SS verwendete Himmler Metaphern aus Heldenepos und Märtyrerlitanei und brüstete sich mit der ganzen furchtbaren Wahrheit des Genozids: »Der Satz, die Juden müssen ausgerottet werden, mit seinen wenigen Worten, meine Herren, ist leicht ausgesprochen. Für den, der durchführen muß, was er fordert, ist es das Allerhärteste und Schwerste, was es gibt [...]. Es trat an uns die Frage heran: Wie ist es mit den

Frauen und Kindern? – Ich habe mich entschlossen, auch hier eine ganz klare Lösung zu finden. Ich hielt mich nämlich nicht für berechtigt, die Männer auszurotten – sprich also, umzubringen oder umbringen zu lassen – und die Rächer in Gestalt der Kinder für unsere Söhne und Enkel groß werden zu lassen.«[17] Im folgenden Jahr erwähnte Himmler bei gebotener Gelegenheit abermals »die Judenfrage« und teilte Generälen der Wehrmacht mit: »Sie wurde entsprechend dem Lebenskampf unseres Volkes, der um die Existenz unseres Blutes geht, kompromißlos gelöst. Ich spreche das zu Ihnen als Kameraden aus.«[18]

Die Parallelen zwischen dem Genozid an den Armeniern und dem nationalsozialistischen Völkermord an den Juden sind nicht zufällig. Die große Mehrheit der Deutschen akzeptiert – zunächst angestoßen durch die Nachhilfe, die nach dem Zusammenbruch des Hitlerstaats aus dem Ausland kam – die historische Schuld am Judenmord und die Verpflichtungen, die daraus entstanden sind. Die Leugnung des Holocaust ist in Deutschland und Österreich zu Recht strafbar, weil dies als ein beleidigender und aggressiver Akt gegen die Opfer und ihre Nachkommen verstanden wird. Der Völkermord an den Juden beherrscht als die zentrale Katastrophe des 20. Jahrhunderts weltweit den politischen Erinnerungsdiskurs, ungeachtet anderer Genozide, die erst allmählich zum Gegenstand vergleichender Betrachtung werden. Die Vergleichbarkeit der Völkermorde nach ideologischen Kriterien und phänomenologischen Kategorien ist umstritten, nicht zuletzt aus Gründen einer politischen Ethik, deren Angelpunkte Schuldbewusstsein und daraus resultierende Empathie gegenüber den Opfern sind. Für die politische Kultur in Deutschland und Österreich bedeutet die Erinnerung an die Einzigartigkeit des Judenmords ein konstitutives Element. Das kann freilich (wenn man die einzigartige Methode und die singuläre Organisation dieses Genozids im Blick behält) keine generelle Einschränkung des Blicks auf den Völkermord an den Juden bedeuten.

Zur Erforschung der Ursachen und Motive – wobei die besondere Vergleichbarkeit zwischen dem Genozid an den Armeniern im Ersten und dem an den Juden im Zweiten Weltkrieg konstatiert werden muss – gibt es nach dem zunächst geführten Diskurs über Schuld, Opfer und Täter noch viele Desiderate. Nur auf ein Moment sei hier noch hingewiesen, auf den Zusammenhang von Genozid und Modernisierung, bei dem der Völkermord als Funktion politischer, sozialer oder ökonomischer Erwägungen als instrumentalisierte, quasi-zwangsläufige Vernichtungsnotwendigkeit im Zuge gesellschaftlicher Modernisierungsprojekte zutage tritt.[19]

IV. Von der Diskriminierung zum Genozid: der Völkermord an Sinti und Roma – Traditionen der Diskriminierung durch Feindbilder und Vorurteile

Betrachten wir einen weiteren Fall. Die Diskriminierung der »Zigeuner« hatte in Deutschland und Österreich, wie überall in Europa, Tradition. Misstrauen und Ablehnung gegenüber der Minderheit der Sinti und Roma hatte sich lange vor 1933 in zahlreichen Gesetzen und Verordnungen der Ausgrenzung niedergeschlagen, und die Gefühle der Verachtung und Zurückweisung bis zu Vernichtungswünschen wurden allgemein und öffentlich deutlicher artikuliert als gegenüber der ebenfalls aus »rassischen Gründen« unerwünschten Minderheit der Juden. Die nationalsozialistische »Zigeunerpolitik« mündete schließlich wie die »Judenpolitik« im Völkermord.[20]

Von den 8000 Roma, die 1938 im österreichischen Burgenland lebten, hatten nach der Zählung von 1952 nur 872 überlebt. Aber die Überlebenden waren nicht Objekte der Empathie oder doch wenigstens einiger Fürsorge. Es waren nicht nur formale und juristische Gründe, aus denen die Verfolgung dieser Minderheit ignoriert oder verharmlost wurde. Die alten Vorurteile wirkten weiter, und so bestand die stillschweigende Übereinkunft, »die Zigeuner« seien eigentlich zu Recht verfolgt worden, denn sie seien von ihrer Konstitution her asozial und kriminell. Die Ausnützung uralter Vorurteile zur Stigmatisierung der Angehörigen einer nicht assimilierten kulturellen Minorität war die über den Zusammenbruch des NS-Staates hinaus wirkende Ausgrenzung. Ressentiments beherrschten die Verantwortlichen, die nach dem Zusammenbruch des NS-Staates zuständig waren für die Aufarbeitung des begangenen Unrechts. Sie zogen sich mit dem Argument aus der Affäre, den Sinti und Roma hätte die erlittene Verfolgung weniger ausgemacht als anderen Menschen, da sie von Natur aus unempfindlicher, stumpfer und deshalb zu größeren Leiden fähig seien.[21]

Weil sie sich des Beifalls der Mehrheit gewiss sein konnten, mühten sich die Vollstrecker der Diskriminierung, Ausgrenzung und Verfolgung der Sinti und Roma auch weniger um die Verschleierung ihres Tuns gegenüber der Öffentlichkeit als bei der Verfolgung von Juden, »Ernsten Bibelforschern« und anderen Gruppen, wo man sich mit Vorwänden und Argumenten mehr Mühe gab, um die tatsächlichen Absichten, nämlich die Vernichtung der Unerwünschten, zu verschleiern.

Schon lange vor Himmlers Erlass, in dem die »Bekämpfung der Zigeunerplage auf rassischer Grundlage« angekündigt war,[22] wurden Sinti und Roma verfolgt und – ab Frühjahr 1938 – in »Schutzhaft« in Konzentrationslager eingewiesen. Als Vorwand diente der traditionelle Vorwurf, sie seien »asozial«, und als Indiz dafür galt, keine »geregelte Arbeit« nachweisen zu können. »Schutzhaft«, das heißt Freiheitsentzug im KZ ohne Rechtsverfahren und ohne zeitliche Begrenzung, war das gegen Minderheiten, Kritiker und Regimegegner meist angewandte Mittel im NS-Staat; gegenüber den Sinti und Roma genügte es vielen nicht, sie plädierten schon frühzeitig für noch drastischere Maßnahmen. So schrieb 1939 ein österreichischer Nationalsozialist, der Landeshauptmann für das Burgenland, an den Chef der Reichskanzlei, den Reichsminister Lammers: »Aus volksgesundheitlichen Gründen und weil die Zigeuner nachgewiesenermaßen erblich belastet und ein Volk von ausgesprochenen Gewohnheitsverbrechern sind, die als Schmarotzer in unserem Volkskörper nur ungeheuren Schaden anrichten, muss man vorerst an die Verhinderung ihrer Vermehrung herangehen und die Lebenden im Rahmen eines Arbeitslagers einer gestrengen Arbeitspflicht unterwerfen.«[23] Das Plädoyer zielte, nicht nur durch die Verwendung der Vokabel »vorerst«, auf die Vernichtung der unerwünschten Volksgruppe.

Der Zweite Weltkrieg diente dem nationalsozialistischen Regime als Hintergrund, vor dem sich die geplante Vernichtung unerwünschter Minderheiten durchführen und notfalls der Öffentlichkeit gegenüber begründen ließ. Am 2. September 1939 wurde das »Umherziehen von Zigeunern und nach Zigeunerart wandernden Personen« im Grenzgebiet des Deutschen Reiches verboten. Das ließ sich ohne Mühe als Kriegsmaßnahme erläutern, und am 17. Oktober 1939 befahl das Reichssicherheitshauptamt, dass »Zigeuner und Zigeunermischlinge« ihren Wohn- oder Aufenthaltsort nicht mehr verlassen dürften.[24]

Mit diesem »Festschreibungserlass« begann die letzte Stufe der Verfolgung. Ende September 1939 wurde beschlossen, die auf (groß-)deutschem Boden vermuteten »30.000 Zigeuner« wie die Juden zunächst nach Polen zu deportieren. Die Vertreibung der Unerwünschten war der erste Schritt zu ihrer Vernichtung: In den Ostgebieten, die wie Kolonien beherrscht und behandelt wurden, konnte der geplante Massenmord besser getarnt werden, Rücksichten auf die Zivilbevölkerung erschienen kaum nötig. Am 16. Mai 1940 begann die organisierte familienweise Deportation von Sinti und Roma aus dem Gebiet des Deutschen Reiches und aus dessen »Ostmark«, wie das annektierte Österreich seit 1938 hieß.

Am 16. Dezember 1942 erließ Heinrich Himmler, der Herr über die Konzentrations- und Vernichtungslager, den Befehl, der den letzten Schritt einer mörderischen Serie von Diskriminierungen und Verfolgungsmaßnahmen gegen Sinti und Roma bedeutete. Himmler ordnete die Deportation nach Auschwitz an.[25] Dieser Befehl wird zu Recht als Ausdruck der genozidalen Intention des NS-Regimes interpretiert. Die längst praktizierte Verfolgung mündete damit in den dokumentierten Vernichtungswillen.

Zur Verfolgungsgeschichte fügte sich schließlich, nach dem Zusammenbruch des NS-Regimes, der für die Mehrheitsgesellschaft blamable jahrzehntelange Kampf um den materiellen Ausgleich für die erlittenen Schäden durch Freiheitsentzug, durch Verlust von Gesundheit und Existenz, die die Sinti erlitten hatten. Es ist ein noch lange nicht abgeschlossenes Kapitel der Geschichte des fortdauernden Vorurteils, mit Unverständnis und Schikane praktiziert gegen die einst verfolgte Minderheit.[26]

V. Völkermord in Kambodscha: Der Aspekt der Distanz

Das Jahrhundert der Völkermorde war mit dem Sturz des Nationalsozialismus nicht zu Ende. Die Nürnberger Tribunale sollten nicht nur irdischer Gerechtigkeit dienen, sie sollten auch neues Völkerrecht setzen, künftige Verbrechen gegen die Menschlichkeit durch Sanktionen der internationalen Völkergemeinschaft verhindern. Der Eifer versickerte jedoch im Kalten Krieg, die Welt dachte auch nicht daran, dass neue Genozide entstehen könnten, zu groß war der Abscheu vor den nationalsozialistischen Verbrechen.

Aber nur die Schauplätze rückten in die Ferne, damit erlosch das Interesse des Publikums. Bürgerkriege, ethnische Konflikte, Unabhängigkeitskämpfe gingen mit Völkermord einher, aber sie fanden in weiter Ferne in Afrika oder in Asien statt und wurden aus doppelter Distanz wahrgenommen. Zur geografischen kam die kulturelle Entfernung. Das bedeutete, genozidale Katastrophen im Kongo oder im Orient wurden nur mit dem mäßigen Interesse registriert, mit dem man vom Unglück Fremder beiläufig erfährt.

In Kambodscha kam 1975 der Anführer der Roten Khmer, Pol Pot, an die Macht. Politisch sozialisiert im Widerstand gegen die französische Herrschaft in Indochina als Gefolgsmann Ho Chi Minhs, versucht Pol Pot ein ländliches radikalkommunistisches System zu errichten. 1975, im Jahre null der neuen Ära, wird das Geld abgeschafft, werden Städte aufgelöst, beginnt die Ausrottung von Eigentümern, Gebildeten, Fremden. Bei Todesmärschen der Stadtbevölkerung in die ländlichen Kollektive, in Gefängnissen, Folterzentren, durch Hunger und Seuchen, durch Massaker und Mord gehen Menschen in einer Größenordung zugrunde, die zwischen 1,6 und 2,4 Millionen liegt. Am Tatbestand des Genozids ist kein Zweifel möglich. Der Verantwortliche, Pol Pot, 1979 entmachtet und bis an sein Lebensende 1998 unter Hausarrest, aber weiter unbehelligt, hat kein Unrechtsbewusstsein. Ein Jahr vor seinem Tod, 1997, sagt er zu einem amerikanischen

Reporter, er habe nur Kambodscha gegen den Aggressor Vietnam verteidigt. Er sieht sich als Befreier des »Volkes und der Rasse Kambodschas«. Alles, was er tat, tat er für sein Land, sagt er, und der hunderttausendfache Mord existiere nur in der Propaganda der Vietnamesen.[27]

VI. Nomenklatur als Mimikry: Der Völkermord auf dem Balkan – Definition und Deutungshoheit

Der genozidale Schrecken der neunziger Jahre, der auf dem Balkan ausbrach, als der Staat Jugoslawien in Agonie fiel und sich auflöste, hatte einen eigenen, einen neuen Namen. Der Begriff »ethnische Säuberung«[28] war bald in aller Munde, wurde zuerst in den Medien, schließlich auch in der Wissenschaft[29] benutzt, obwohl ihm die exakte Definition fehlt. Die Selbstverständlichkeit, mit der die Vokabel in Gebrauch genommen und damit objektiviert wurde, irritierte nur wenige. Der Schriftsteller György Konrád machte darauf aufmerksam und erinnerte damit zugleich daran, wie selbstverständlich der mit dem ominösen Begriff umschriebene Sachverhalt offenbar hingenommen wurde: »Die euphemistische und ohne Anführungszeichen erfolgende Übernahme eines unflätig rassistischen Wortes in den internationalen Sprachgebrauch markiert das zweideutige Verhältnis der Zuständigen zum Thema.«[30] Eine wissenschaftliche Definition des neuen Begriffs wurde im Mai 1992, erarbeitet von einer Experten-Kommission des UN-Sicherheitsrats, nachgereicht, sie verortet »ethnische Säuberung« an der Grenzlinie zum Völkermord und ist – wie wissenschaftliches Bemühen oft gegenüber der Realität – nur bedingt hilfreich.[31]

Der Historiker hat freilich Quellen, um zu verdeutlichen, was geschah. Die Schilderung eines in Kroatien lebenden Tschechen jugoslawischer Nationalität übertrifft die Vorstellungen von »Säuberung« auch der ausbündigsten Fantasie. Der Zeuge aus Prekopakre in Bosnien berichtete bei einer Anhörung im September 1992 in Frankfurt am Main vom Schicksal kroatischer Polizisten, die in die Gewalt serbischer Kampfverbände gerieten: »Damals fuhren 21 kroatische Polizisten in einem selbstgebauten Panzerwagen auf das Dorf zu, um eine Kontrolle durchzuführen. Etwa einen halben Kilometer vom Dorf entfernt kamen sie an eine Barrikade, die sie mit ihrem Fahrzeug forträumten. Im gleichen Augenblick wurden sie mit einer Granate beschossen, und ein Feuergefecht schloss sich an. Die Polizisten waren zufällig in die Kampflinie geraten und plötzlich von 600 Četniks umstellt. Nach einigen Stunden Kampf wurden 18 Polizisten gefangengenommen, die anderen waren tot. Die 18 Gefangenen wurden grausam zu Tode gefoltert. Sie wurden mit dem Messer gestochen, dann mit dem Schraubenzieher. Die Nasen, Ohren und Genitalien wurden abgeschnitten. Sie wurden mit Draht gefesselt und gequält. Und einige wurden unter den Panzer geschoben und mit dem Panzer plattgefahren. Bei diesem Massaker war fast die ganze Bevölkerung von Kusonje, hauptsächlich Serben, dabei. Sie konnten mit den gefesselten Leuten machen, was sie wollten. Sie haben drauf gepißt, sie haben sie geschlagen mit allem, was sie hatten. Dieses Massaker betraf zwar nur die 18 Polizisten, aber in den Dörfern waren insgesamt etwa 150 Gefangene, Kroaten, Tschechen, Ungarn.«[32] Das schlimme Ereignis sagt über die Methode des Genozids viel aus. Die durch Propaganda entfachte Wut über die zu Fremden, zu Feinden, zu Anderen Stigmatisierten wird zum Mittel des mörderischen Geschehens, das Zivilisten, Bürger, Nachbarn agieren. Als propagandistisch stimulierter »spontaner Volkszorn« war solches Verhalten von den Nationalsozialisten in den

Novemberpogromen organisiert worden, als Einübung der Bereitschaft, den Völkermord an den Juden zu akzeptieren und im Rahmen patriotischer Pflichterfüllung daran mitzuwirken.

VII. Ruanda als Paradigma: die Regelhaftigkeit des Völkermords

Der letzte große Völkermord des 20. Jahrhunderts geschah wieder unter den Augen der Weltöffentlichkeit, aus unmittelbarer Nähe beobachtet von Einheiten mit blauen Helmen, die von der UNO entsandt worden waren. Von April bis Juli 1994 wurden in Ruanda von Mordbanden in staatlichem Auftrag Hunderttausende, vom Säugling bis zum Greis, abgeschlachtet, weil sie der Volksgruppe der Tutsi angehörten. Der Tatbestand erfüllte alle Merkmale des Völkermords nach der Konvention von 1948. International zunächst bagatellisiert als »Stammesfehden« zwischen Hutu und Tutsi oder als afrikanischer Atavismus, als »spontaner Ausbruch des aufgestauten ethnischen Hasses« oder als »unkontrollierter Blutrausch« fand dreizehn Wochen lang ein Genozid statt, der »das Ergebnis einer bewußten Entscheidung« gewesen war, »getroffen von einer modernen Elite, die sich durch Verbreitung von Haß und Angst den Machterhalt zu sichern suchte«.[33]

Ruanda ist ein Paradigma für den Völkermord aus sozialen und politischen Motiven, denn die beiden Volksgruppen, Hutu als Täter und Tutsi als Opfer, unterscheiden sich nicht ethnisch oder rassisch, sondern soziologisch als Ackerbauern und Viehzüchter. Die angeblichen ethnischen Unterscheidungsmerkmale entsprangen der Fantasie von Anthropologen in der Kolonialzeit.[34] Die Gegensatzkonstrukte waren aber tief genug, dass sie, als ein Anlass gegeben war, genozidale Sprengkraft entwickeln konnten.

Die Gesetzmäßigkeiten des Völkermords lassen sich am Beispiel Ruanda resümieren: Eine Gruppe wird aus religiösen, kulturellen, ethnischen, ökonomischen, moralischen oder beliebigen anderen Gründen als fremd, als feindlich definiert, dann ausgegrenzt, vertrieben, verfolgt. Schließlich ist die Vernichtung der Gruppe gewollt und wird in Szene gesetzt. Bürokratische und militärische Organisation gehört am Ende, beim Vollzug des Genozids, zum Instrumentarium der Vernichtung. Am Anfang stehen durch Propaganda erzeugte und verbreitete Vorurteile, stereotype Wahrnehmungsmuster, Feindbilder.

So weit sind Völkermorde wissenschaftlich

analysierbar und beschreibbar.[35] Die existenzielle Katastrophe, die Genozide für die Opfer darstellen, bleibt der wissenschaftlichen Betrachtung aber weitgehend entzogen. Die Psyche der Täter, die Traumata der Opfer sind zentrale Kategorien beim Versuch, Genozide zu erklären und zu verstehen. Aber der Zugang dazu ist am schwersten. »Der Völkermord drängt die in die Isolierung, die er nicht in den Tod hat drängen können. Jemand, der seine Kinder geboren hat und hat ansehen müssen, wie sie ermordet wurden, der ein Haus gebaut hat und es hat abbrennen sehen, ... was meinen Sie, wie fühlt der sich, wenn er jeden Morgen aufsteht und nichts in der Hand hat.«[36]

Diese Feststellung der zwanzigjährigen Tutsi-Bäuerin ist paradigmatisch für das Überlebensgefühl der dem Genozid Entronnenen. Die Einsamkeit und Verlorenheit bleibt lebenslang, den Armeniern, den Juden, den Roma, den bosnischen Muslimen, den Tutsi – allen Opfern eines Völkermords.

Anmerkungen

1 Janvier Munyaneza, in: Jean Hatzfeld, Nur das nackte Leben. Berichte aus den Sümpfen Ruandas, Gießen 2004, S. 56.

2 Die Ereignisse wiederholen sich im Westsudan in der Region Darfur. Der aktuelle Völkermord wird von der internationalen Politik nach Kräften ignoriert. Gérard Prunier, Darfur. Der »uneindeutige« Genozid, Hamburg 2007.

3 Gerd Hankel/Gerhard Stuby (Hrsg.), Strafgerichte gegen Menschheitsverbrechen. Zum Völkerstrafrecht 50 Jahre nach den Nürnberger Prozessen, Hamburg 1995. Nürnberger Menschenrechtszentrum (Hrsg.), Von Nürnberg nach Den Haag, Menschenrechtsverbrechen vor Gericht. Zur Aktualität des Nürnberger Prozesses, Hamburg 1996.

4 Raphael Lemkin, Axis Rule in Occupied Europe. Laws of Occupation, Analysis of Government, Proposals for Redress, Washington 1944.

5 Die UNO-Konvention, auf der Resolution von Dezember 1948 basierend, ist seit 12. Januar 1951 für alle Staaten gültig und überall als innerstaatliches bindendes Recht anerkannt.

6 Annette Schaefgen, Schwieriges Erinnern: Der Völkermord an den Armeniern, Berlin 2006.

7 Zuerst: Horst Drechsler, Südwestafrika unter deutscher Kolonialherrschaft, Berlin (DDR) 1966.

8 Wortlaut zitiert nach Walther Nuhn, Sturm über Südwest. Der Hereroaufstand von 1904 – Ein düsteres Kapitel der deutschen kolonialen Vergangenheit Namibias, Koblenz 1989.

9 Ebenda, S. 282.
10 Bundesarchiv Koblenz/Berlin, Akten des Reichskolonialamtes.
11 Am bekanntesten und am weitesten verbreitet war der Roman von Gustav Frenssen »Peter Moors Fahrt nach Südwest«, zuerst 1906 erschienen. Weit verbreitet waren auch die Bücher der Adda von Liliencron, wie »Bis in das Sandfeld hinein« (1908).
12 Vahakn N. Dadrian, The Key Elements of the Turkish Denial of the Armenian Genocide: A case study of distortion and falsification, Toronto 1999; Richard G. Hovannisian (Hrsg.), Remembrance and Denial. The Case of the Armenian Genocide, Detroit 1999; Tessa Hofmann (Hrsg.), Das Verbrechen des Schweigens. Die Verhandlung des türkischen Völkermords an den Armeniern vor dem Ständigen Tribunal der Völker, Göttingen 1985.
13 Wortlaut zitiert nach: Der Völkermord an den Armeniern vor Gericht. Der Prozeß Talaat Pascha (Berlin 1921), Neuaufl. hrsg. und eingel. von Tessa Hofmann, Göttingen 1980, S. 133.
14 Ebenda, S. 194.
15 Ebenda, S. 78.
16 Ebenda.
17 Rede vor den Reichs- und Gauleitern in Posen am 6.10.1943, in: Heinrich Himmler. Geheimreden 1933–1945 und andere Ansprachen, hrsg. v. Bradley F. Smith und Agnes Peterson, Frankfurt a. M. 1974, S. 170.
18 Rede vor Generalen in Sonthofen am 5.5.1944, ebenda, S. 202.
19 Mihran Dabag/Kristin Platt (Hrsg.), Genozid und

Moderne. Strukturen kollektiver Gewalt im 20. Jahrhundert, Opladen 1998.

20 Michael Zimmermann, Rassenutopie und Genozid. Die nationalsozialistische »Lösung der Zigeunerfrage«, Hamburg 1996.

21 Tilman Zülch (Hrsg.), In Auschwitz vergast, bis heute verfolgt. Zur Situation der Roma in Deutschland und Europa, Reinbek 1979.

22 Runderlaß Reichsführer SS und Chef der Deutschen Polizei im Reichsministerium des Innern, 8.12.1938, in: Reichsministerialblatt der inneren Verwaltung 1938, Nr. 51, S. 2105.

23 Tobias Portschy im August 1938, Dokumentationsarchiv des österreichischen Widerstandes, zit. nach Tilman Zülch (Hrsg.), In Auschwitz vergast, bis heute verfolgt, S. 124; Denkschrift Portschy zur »Zigeunerfrage« an den Chef der Reichskanzlei, Reichsminister Lammers. Nürnberger Dokument NG 845. Vgl. Donald Kenrick/Grattan Puxon, Sinti und Roma – die Vernichtung eines Volkes im NS-Staat, Göttingen 1981, S. 79.

24 Grenzzonenverordnung vom 2. September 1939, in: Reichsgesetzblatt I, 1939, S. 1578f. (§ 4: Das Umherziehen von Zigeunern und nach Zigeunerart ist in der Grenzzone verboten); Schnellbrief RSHA, 17. Oktober 1939, betr. Zigeunererfassung, in: Erlaßsammlung Vorbeugende Verbrechensbekämpfung, Berlin Dezember 1941, hrsg. vom Reichskriminalpolizeiamt, RSHA-RKPA 149/1939g.

25 Schnellbrief RSHA, 29.1.1943, an Kriminalpolizei und SS-Dienststellen, dort ist der Befehl Himmlers vom 16.12.1942 erwähnt: »Einweisung von Zigeu-

nermischlingen, Rom-Zigeunern und balkanischen Zigeunern in ein Konzentrationslager«, in: Erlaßsammlung RKPA, Vorbeugende Verbrechensbekämpfung, V A 2 Nr. 59/43g.

26 Beispiele bei Uschi Körber, Stellungnahme zu Gutachten gegen Gesundheitsschadensrenten bei Sinti und Roma, in: Anerkennung und Versorgung aller Opfer nationalsozialistischer Verfolgung. Dokumentation parlamentarischer Initiativen der Grünen in Bonn und der Fraktion der Alternativen Liste Berlin, Berlin 1986, S. 61f.

27 Philip Short, Pol Pot: The history of a nightmare, London 2004; Craig Etscheson, After the Killing fields. Lessons from the Cambodian genocide, Westport, Conn. 2005.

28 Imanuel Geiss, »Ethnische Säuberungen«, Massaker und Genozid. Ein historischer Überblick, in: Sozial. Geschichte 19 (2004), H. 1, S. 44–73.

29 Vgl. Norman M. Naimark, Flammender Hass. Ethnische Säuberung im 20. Jahrhundert, München 2004; Michael Mann, The Dark Side of Democracy. Explaining Ethnic Cleansing, New York 2005.

30 György Konrád, Mensch und Haus darf man nicht trennen, Frankfurter Allgemeine Zeitung, 14. November 1998.

31 Final Report of the Commission of Experts Established Pursuant to Security council Resolution 780 (1992), 27 May 1994.

32 Zeugenaussage bei der Anhörung der Gesellschaft für bedrohte Völker in Frankfurt a. M. 20./21. September 1992, in: »Ethnische Säuberung – Völkermord für ›Großserbien‹«. Eine Dokumentation der

Gesellschaft für bedrohte Völker, hrsg. von Tilman Zülch, Hamburg 1993, S. 63f.

33 Alison Des Forges, Kein Zeuge darf überleben. Der Genozid in Ruanda, Hamburg 2002, S. 16.

34 Josias Semujanga, Von Propagandaerzählungen und Jagderzählungen im Genozid in Ruanda, in: Zeitschrift für Genozidforschung 5 (2004), H. 1, S. 8–39.

35 Die Genozidforschung hat sich als historisch-sozialwissenschaftliche Disziplin in den letzten Jahren mit ausdifferenzierten Forschungsfeldern etabliert. Das lässt sich auch daran erkennen, dass inzwischen mehrere Zeitschriften existieren wie *Holocaust and Genocide Studies* (USA/Großbritannien, seit 1986), *Genocide Forum* (USA, seit 1994), *Journal of Genocide Research* (Großbritannien, seit 1999), *Zeitschrift für Genozidforschung* (Deutschland, seit 1999), *Comparative Genocide Studies* (Japan, seit 2004).

36 Berthe Mwanankabandi, in: Jean Hatzfeld, Nur das nackte Leben, S. 173.

Literaturhinweise

Boris Barth, Genozid. Völkermord im 20. Jahrhundert. Geschichte, Theorien, Kontroversen, München 2006.

Wolfgang Benz, Der Holocaust, München 1995 (6. Auflage 2005).

Wolfgang Benz, Ausgrenzung, Vertreibung, Völkermord. Genozid im 20. Jahrhundert, München 2006.

Mihran Dabag/Kristin Platt (Hrsg.), Genozid und Moderne, Opladen 1998.

Helen Fein, Genocide. A Sociological Perspective, London 1993.

Alison Des Forges, Kein Zeuge darf überleben. Der Genozid in Ruanda, Hamburg 2002.

Wolfgang Gust, Der Völkermord an den Armeniern. Die Tragödie des ältesten Christenvolkes der Welt, München 1993.

Wolfgang Gust (Hrsg.), Der Völkermord an den Armeniern 1915/1916. Dokumente aus dem politischen Archiv des deutschen Auswärtigen Amts, Springe 2005.

Jean Hatzfeld, Nur das nackte Leben. Berichte aus den Sümpfen Ruandas, Gießen 2004.

Jean Hatzfeld, Zeit der Macheten. Gespräche mit den Tätern des Völkermordes in Ruanda, Gießen 2004.

Raul Hilberg, Die Vernichtung der europäischen Juden, 3 Bde., Frankfurt a. M. 1990.

Raphael Lemkin, Axis Rule in Occupied Europe, Washington 1944.

Norman M. Naimark, Flammender Hass. Ethnische Säuberung im 20. Jahrhundert, München 2004.

Dominik J. Schaller, Rupen Boyadjian, Viviane Berg, Hanno Scholtz (Hrsg.), Enteignet – Vertrieben – Ermordet. Beiträge zur Genozidforschung, Zürich 2004.

Der Autor

Wolfgang Benz ist Leiter des Zentrums für Antisemitismusforschung der Technischen Universität Berlin und dort auch seit 1990 Professor. Mitbegründer und Herausgeber der Dachauer Hefte. 1992 Geschwister-Scholl-Preis. Autor zahlreicher Bücher zur Zeitgeschichte, vor allem zu Rechtsextremismus und Nationalsozialismus, u. a. »Geschichte des Dritten Reiches«; »Was ist Antisemitismus?«; »Herrschaft und Gesellschaft im nationalsozialistischen Staat. Studien zur Struktur- und Mentalitätsgeschichte«; »Gewalt und Ideologie«, Band 38 der Wiener Vorlesungen; »Der Holocaust«; »Potsdam 1945. Besatzungsherrschaft und Neuaufbau im Vier-Zonen-Deutschland«; »Die 101 wichtigsten Fragen. Das Dritte Reich«.

8,90 45